2/4

Dépôt

8°R Pièce
9475

MÉLANGES
LÉONCE COUTURE

ÉTUDES
D'HISTOIRE MÉRIDIONALE

BIBLIOTHÈQUE NATIONALE
LR F
IMPRIMÉS

DÉDIÉES A LA MÉMOIRE

DE

LÉONCE COUTURE

(1833-1902)

Abbé LESTRADE

L'AUMONE GÉNÉRALE A TOULOUSE
AU DIX-SEPTIÈME SIÈCLE

TOULOUSE
IMPRIMERIE ET LIBRAIRIE ÉDOUARD PRIVAT

1902

Extrait des MÉLANGES COUTURE, *pp. 279 à 288.*

DÉPÔT LÉGAL
254
1902

Pièce
8° R
9475

L'AUMÔNE GÉNÉRALE

A TOULOUSE

AU DIX-SEPTIÈME SIÈCLE

PAR

L'Abbé LESTRADE

Curé de Bouloc.

(Extrait des **MÉLANGES COUTURE**, pages 279 à 288.)

TOULOUSE

IMPRIMERIE ET LIBRAIRIE ÉDOUARD PRIVAT

45, RUE DES TOURNEURS, 45

—

1902

L'AUMÔNE GÉNÉRALE A TOULOUSE

AU DIX-SEPTIÈME SIÈCLE

Le document que nous publions sous ce titre a été conservé par messire Louis Daignan du Sendat, chanoine de la métropolitaine d'Auch et archidiacre de Magnoac au dix-huitième siècle. Cet ecclésiastique, dont l'érudition fut sans cesse en éveil, a formé plusieurs Recueils factices (*Compilatores*) de pièces historiques gasconnes, commingeoises, béarnaises — quelques-unes toulousaines [1] — fort connus en Gascogne et souvent consultés [2]. Un de ces volumineux portefeuilles renferme le tout petit cahier qu'on va lire. L'importance de cette pièce pour l'Histoire de la Charité à Toulouse avant la Révolution n'échappera à personne.

Notre document n'est malheureusement ni signé, ni daté... L'écriture en est de la première moitié du dix-septième siècle. Divers traits, on va le voir, nous autorisent à penser à cette époque.

Ainsi qu'on le remarquera dès la première ligne du document, les pauvres sont accusés de troubler « dans l'églize les prestres à l'autel et au confessional et tous les chrestiens dans leurs prières et oraisons. » Or, dans les articles du contrat passé entre le chapitre de Saint-Etienne et les gardiens de cette église, le 12 mars 1622, est spé-

1. Voir *La Chanson des professeurs du Collège de Cagueloule* (*Rev. des Pyrénées*, t. X, p. 557).

2. Voir *Les sources de l'Histoire de la Gascogne et les manuscrits de l'abbé Daignan du Sendat*, par M. Bladé (*Rev. de Gascogne*, t. II, p. 417). — *Manuscrits D. du Sendat*, par M. G. Niel, 1861 (*Rev. de Gascogne*, t. III, p. 94). — *L'abbé L.-D. du Sendat, orateur, et la bibliographie béarnaise*, note de M. Léonce Couture (*Rev. de Gascogne*, t. XL, p. 569). — *Deux recueils de D. du Sendat*, etc., par M. l'abbé J. Lestrade (*Bulletin de la Société archéologique du Midi*, 1898, pp. 18-56).

cifié ce qui suit : « *Item*, chaque jour les gardes et campaniers ou ung d'iceux se tiendra par l'esglise pendant tout l'Office du jour pour garder et empescher que les pauvres n'entrent au chœur et ne discourent en ladite esglise pour quester durant le service d'icelle...[1]. » C'est précisément afin d'obvier à ces quêtes indiscrètes et qui d'une façon permanente s'exerçaient alors partout qu'on imagina notre projet d'aumône générale[2].

Mais pourrait-on deviner l'auteur même de ce projet? Ici, une seule conjecture nous est permise. L'anonyme (très probablement un ecclésiastique, frayant avec les pauvres, au courant de leurs mœurs, possédant leur confiance) termine l'exposition de son programme par une sorte d'allocution adressée à un groupe d'auditeurs ses collègues dans les œuvres de charité. Ses paroles trahissent, semble-t-il, un des administrateurs des hôpitaux de Toulouse. On sait que la direction de ces établissements était alors confiée aux plus nobles personnages de la cité. Les Archives hospitalières ont peut-être conservé le nom que nous voudrions connaître : ce fonds, encore inutilisé, classé par le regretté M. Saint-Charles, manifestera-t-il plus tard l'auteur du projet publié aujourd'hui[3] ?

Un simple coup d'œil jeté sur le Règlement de l'Aumône générale en fait apercevoir le cachet original, inattendu. Il s'agit de centraliser les aumônes quotidiennes et d'établir en ville une sorte de monopole de la bienfaisance. Tout paraît prévu, et les difficultés et les résultats de l'entreprise. On y exprime même la pensée d'accoutumer au travail cette catégorie d'indigents par vocation qui se constituent des rentes sur la compassion publique. L'idée première de cette organisation peu banale est-elle toulousaine? A-t-elle poussé sur notre terroir fécond en initiatives hardies ou bien est-elle empruntée? La question s'éluciderait à l'aide d'une enquête que la connaissance de la bibliographie et de l'historiographie des Institutions charitables et hospitalières de l'ancienne France réduirait à un patient labeur de cabinet. Quoi qu'il

1. Archives des Notaires de Toulouse : *Registres particuliers du Chapitre Saint-Etienne, ad annum.*

2. L'abus ne régnait pas à Toulouse seulement. Chez nos voisins les Commingeoiss Hugues de Labatut, évêque de Saint-Bertrand, écrivait, en 1641, au sujet des église, de son diocèse : « Que les marguilliers prennent garde que les pauvres mendians n'y roulent pas pour demander l'aumosne; mais qu'ils les facent demeurer aux portes et encores avec respect et modestie. » — Voir *Ordonnances et Statuts synodaux du diocèse de Commenge*... A Tolose, chez J. Boude (p. 58).

3. M. Saint-Charles a publié une plaquette de 80 pages sous ce titre : *Les enfants abandonnés, exposés, les orphelins, dans les diverses maisons de charité de Toulouse.* Ce Mémoire avait déjà paru dans le *Recueil de l'Académie des sciences, inscriptions et belles-lettres* de notre ville en 1887. Comme on le voit, M. Saint-Charles n'a envisagé qu'un côté d'un sujet bien digne de tenter la plume d'un érudit toulousain.

en soit, il y a lieu de remarquer que dans les premières années du dix-septième siècle on édita à Lyon un in-4° dont le titre révèle quelque parenté avec notre cahier. Le volume est intitulé : *Institution de l'Aumosne générale de Lyon, ensemble l'Œconomie et Règlement qui s'observe dans l'Hospital de Nostre-Dame de la Charité.* En 1639 paraissait la quatrième édition de ce volume que les librairies d'amateurs offrent actuellement à la curieuse envie des spécialistes moyennant 20 francs. Il nous a été impossible de nous procurer ce livre, et, par suite, nous ignorons si, à Toulouse, nous sommes en face d'un Règlement personnel, inédit, ou d'une simple adaptation.

Notre doute n'enlève rien, hâtons-nous de le dire, à l'intérêt documentaire du texte. S'il y a pure adaptation, elle est intelligente et encadre de façon pittoresque de curieux détails. La vie des indigents à Toulouse au dix-septième siècle, certaines particularités de mœurs des pauvres d'alors, l'aspect singulier que recevait la cité toulousaine d'une horde de mendiants épars, selon l'heure, dans les bouges, les tavernes, les églises, suspendus au seuil des maisons privées, gisant en plein air, la nuit venue, pendant l'été : ces traits sont pris sur modèle et forment un croquis vivant. Les couleurs fortes ne sont pas épargnées au tableau. La description réaliste des quartiers misérables, au temps des fruits, n'a pas besoin qu'on insiste. Au milieu de ce peuple d'indigents le vice se développait. Entre mendiants et mendiantes on ne se marie pas : l'union formée par la tradition d'une bague et de treize deniers se rompt en rendant les deniers et en brisant la bague. Les hôteliers se corrompent dans leurs accointances journalières avec les pauvres. De jeunes villageoises, fraîchement débarquées à Toulouse, sont vite dupées de toutes façons. Elles ont hâte de changer de vie et d'entourage, de fuir « les affrontz que la jeunesse desbordée » ne leur ménage pas. Elles sont « lasses d'offenses Dieu... » Le détail des industries à mettre en jeu afin de secourir ces infortunes est remarquable. Il décèle une expansion de charité alerte en ses efforts, précise en ses entreprises.

Au point de vue topique, notre document fournit peu d'indications. Notons qu'à la date où nous sommes les paroisses Saint-Sernin et Saint-Pierre-des-Cuisines ne sont point considérées comme strictement urbaines. Les autres « composent le corps de la ville. » Par contre, Saint-Cyprien s'étend et se peuple. Il y aurait péril pour ce quartier à voir les pestiférés logés à la Grave; autrefois, on les y envoyait impunément.

Une indication générale résulte des lignes qui suivent et caractérise Toulouse dans les premières années du dix-septième siècle. On se plaît d'ordinaire à considérer en cette ville ses temples multiples et luxueux, les magnifiques hôtels que la Renaissance y avait semés. A côté de ces splendeurs s'étalait, hélas ! trop de misère et de désordre. La charité surgissait, il est vrai, et allait produire des hommes comme le conseiller de Boret. En attendant, l'opinion parlait parfois clairement. Si le journalisme eût été de mode et eût connu le style acerbe auquel il nous a habitués, il ne se fût pas contenté de lancer à Messieurs du Capitole ce reproche modéré que notre cahier renferme, savoir : que « le désordre des pauvres tourne au déshonneur de toute la ville, qui, par cest image publicque de confusion, est accusée de peu de police en toutes choses ! »

L'AUMOSNE GÉNÉRALE.

LES DÉSORDRES QUE CAUSENT LES PAUVRES DANS THOLOSE.

1. — Ilz troublent dans l'églize les prestres à l'autel et au confessional et touts les chrestiens dans leurs prières et oraisons.

2. — Ilz vivent hors l'églize, dans les blasphêmes contre Dieu, imprécations contre ceux qui leur refusent l'aumosne et envie pour leurs compaignons. Ils n'entendent jamais la sainte Messe et ne prient jamais Dieu. Je ne sçay si en faisant l'aumosne comme on la faict on ne faict plus de mal que de bien, car il me semble que pour l'ordina're l'on entretient une pépinière de fenéants, de taverniers, de gourmantz, de sales et vilains, de larrons et voleurs, et un mestier très dommageable à la républicque.

3. — Ceux qui peuvent courir en amassent chascun pour quattre et les pauvres vieillards et infirmes meurent de faim et les honteux reçoivent une grande incommodité.

4. — Les gueus qui logent deça et delà par la ville, et plusieurs depuis dix ans, gastent leurs hostes et les rendent fénéants par les libertinages avec lesquelz ils vivent chez eux.

5. — Ilz contractent un certain mariage parmy eux avec une bague et treize deniers et le rompent quand bon leur semble, sans autre cérémonie qu'en rompant la bague et rendant les treize deniers.

6. — Les filles estant obligées de courir deça et delà pour mendier leur pauvre vie se perdent en asses bon nombre, car il y a de si misérables femmes qui vendent des pauvres filles innocentes qui viennent de la campaigne et ne sachant où aller se retirent chez elles à très vil prix, pour dix solz.

7. — Les pauvres qui par l'ordre de leur naissance doivent servir les riches ne vallent quasi iamais rien pour travailler et servir ayant vescu durant leur plus tendre jeunesse dans la fenéantise, dans guserie et dans le libertinage, et si par quelque considération ilz l'entreprènent quelquefois, ilz sont d'ordinaire la cause de mile et mile colleres, blasphèmes et imprécations que disent leurs maistres et maistresses.

8. — Nous voïons que les pauvres vivant comme ils vivent, le temps des fruictz nouveaux estant arrivé, ilz y employent le peu d'argent qu'ilz ont amassé et mangent tout, vert et sec, comme des bestes, sans songer à ce qu'ilz font d'où vienent d'ordinaire les maladies des pauvres, l'Hospital se trouve plein de dissenteries et toutes les rues de Tholoze d'infection, et on ne voit partout qu'ordure et vilaine.

9. — Parmi les pauvres qui sont en si grand nombre deça et delà dans Tholoze il y en a qui sont huguenotz, libertins, boémiens, qui communiquent leur esprit, leur libertinage et font leçon de la plus fine guserie. Ilz prennent les filles; les uns les font huguenotes, les autres libertines et les autres boëmes.

10. — Enfin, le désordre des pauvres tourne au deshonneur de toute la ville qui, par cest image publicque de confusion, est accusée de peu de police en toutes choses.

LES REMÈDES.

1. — Pour remédier à tant de maux, une aumosne générale seroit tout à faict nécessaire parce que toutz les autres moyens ont esté jusques icy sans effect, et il n'en peust estre de plus efficace que celuy-cy; c'est pourquoy il seroit très expédient que la Compaignie députât deux ou trois personnes pour parler à Monseigneur l'Archeveque, à Monsieur le premier Président et à Messieurs les Capitoulz pour faire conclurre ladite aumosne générale.

2. — Il faudroit prier touts les prédicateurs de la ville pour publier ladite aumosne, faisant voir les désordres des pauvres, les remèdes qu'on y veut apporter, les ordres qu'on y veut tenir et les grands biens qui en arriveront.

3. — Il faudroit qu'ilz fissent entendre à tout le monde qu'on désire faire une Queste générale par toute la ville et qu'on ne prétend point d'obliger personne à donner tant, car cela sembleroit taille, subside ou imposition; mais que chascun sera en sa liberté et ne donnera que ce que sa pure charité le portera à donner, ce qui ne sera cogneu de personne, car ceux qui fairont la Queste porteront un sac ouvert où l'on mettra dedans ce qu'on voudra sans que personne le voie : l'aumosne sera cachée aux hommes et cogneue de Dieu seul qui pénètre le secret.

4. — Il faudroit qu'ilz fissent bien entendre que la distribution de tout ce qu'on amassera sera faicte tout d'un autre air qu'on n'a iamais veue dans Tholoze et qu'aucun particulier ne pourra en aucune façon prévaloir.

5. — Que ce ne sont pas les plus riches et ceux qui sont obligez de faire de plus grandes aumosnes qui ont les premiers songé à cette Queste généralle pour se soulager ou espargner ce qu'ilz sont obligez de donner aux pauvres; mais que ce sont d'autres personnes qui considérant de prez les grands désordres que causent les pauvres ont recherché les moyens pour y remédier, à la plus grande gloire de Dieu, pour le salut et le bien tant des pauvres que des riches.

6. — Il faudroit qu'ilz dissent en passant que comme ce dessain de l'Aumosne générale est un bien incomparable et un moyen très assuré pour

arrester un million de maux, le diable ne manquera point touts ses effortz pour l'empescher et pour y faire naistre de difficultez. Jamais un grand bien n'a esté faict sans contradiction. L'on dira cecy, l'on dira cela, patience! Il faut faire le bien si l'on peust, non obstant toutes les oppositions. Il faudra qu'ilz advertissent du jour qu'on commencera la Queste affin que tout le monde tienne preste l'aumosne soit argeant, soit grain, bled, misture, fèbes...

POUR L'ORDRE DE LA QUESTE.

1. — Il faut sçavoir qu'il la faut faire d'une façon dans la ville, et d'une autre dans les faubourcs.

Dans les faucbourrs il ne faut si ce n'est que deux de la Compaignie prènent Mr le Curé ou M. son vicaire ou quelque autre ecclésiastique pour aller de porte en porte demender et recevoir ce qu'on donnera. Et cest ordre suffira aussi pour les parroisses de St Sernin et St Pierre-de-Cuisines.

Pour les autres parroisses qui composent le corps de la ville, il est expédient que deux prestres, un de la Compaignie avec Mr le Curé en chasque parroisse, fassent la Queste avec un Conseillier parmi touts les Ecclésiastiques et religieux rentés. — Deux Conseilliers avec un prestre parmy touts Messieurs les Présidents, Conseilliers, Trésoriers et Receveurs. — Deux Advocatz avec un prestre parmy touts les Advocatz. — Deux Procureurs avec un prestre parmy touts les Procureurs et autres Officiers de la Court. — Deux Bourgeois avec un prestre parmy tous les Bourgeois ou Marchantz et le reste de la populasse.

2. — Il faut sçavoir qu'il est nécessaire qu'il faut que touts ceux qui questent possèdent parfaictement l'esprit du dessain pour respondre à tout ce qu'on dira dans les rencontres. C'est pourquoy il est expédient que la Compaignie s'en rende sçavante et que quelqu'un d'icelle soit avec ceux qui questeront.

3. — Il est expédient que ceux qui questeront ayent un petit caïer dans lequel ilz escriront touts ceux qui ne leur donneront rien, parce que, au premier tour qu'on faira après, l'on ira plus tost chez eux pour leur donner occasion d'exercer la charité.

4. — Il faut que ceux qui questent sachent où ceux qui ne pourront donner d'argeant et voudront donner bled ou légumes, le fairont porter.

5. — Il faudra déterminer entre les mains de qui et où la Queste doit estre remise et qui sont ceux qui doivent estre les trésoriers des Pauvres. Et il me semble que pour l'argeant, doit estre mis dans un coffre à trois serrures et à trois clefs, la première baillée à Monseigneur, la seconde à monsieur le Premier Président et la troisième à Mr le Chef du Consistoire de l'Hôtel de Ville. Et le coffre doit estre mis dans un lieu assuré, dans l'Archeveschè ou la Maison de Ville.

Pour ce qui est des grains qu'on acheptera, il est nécessaire que la Compaignie qui doit prendre la peine de travailler à disposer la distribution des Questes, soubs la conduite de Messieurs les Trésoriers, ait un grainier pour mettre les grains qu'elle acheptera, et ce sera le lieu qu'on assignera à ceux qui voudront donner du bled ou de légumages aux pauvres. — L'argeant estant dans le coffre et les grains dans le grainier, il faut que les Messieurs de la Compaignie ayent, pour faire la distribution, maison, pain et gens pour le donner avec ordre et sans acception de personne.

POUR L'ORDRE DE LA DISTRIBUTION.

1. — L'Hospital de la Grave sera le lieu le plus propre et il ne peust servir à autre chose qu'à cecy, hors d'une prison pour les prisonniers de guerre, car si bien les anciens l'avoi ent destiné pour y loger les pestiférez, l'expérience a faict cognoistre qu'il est non seulement inutile: mais grandement préjudiciable pour cela, parce que le quartier de St Cyprien, qui n'estoit anciennement qu'un faubourc tout ouvert, faict aujourd'huy une bonne partie de la ville et se trouve aussy remply de maisons et de peuble que le reste de la ville à proportion, et, par conséquent, il n'y aura jamais d'apparence qu'on le veuille infecter à dessain; et le feu père hermite a dit plusieurs fois qu'il ne falloit pas songer à cela, que si Messieurs les Capitouls sont jamais obligez à loger des prisonniers de guerre il y a tant de prisons dans Tholoze qu'on auroit bien de la peine à les remplir, et il seroit mesme bien plus à propos de les séparer en plusieurs prisons que non pas de les mettre touts ensemble dans l'Hospital de la Grave : ils ne fairoient pas tant de bruit, ny tant de ravage, parce qu'ils ne seroient pas si forts.

2. — Pour le pain, il en faudroit avoir de deux sortes : pains bis pour les sains et pain blanc pour les infirmes ou vieillards. Pour le commencement, on peut avoir deux boulangers dans le faubourc St Cyprien pour estre plus près de l'Hôpital de la Grave, et après l'on pourroit voir si un grand four qu'il y a dans cest Hospital pourroit servir à faire cuire le pain des pauvres.

3. — Pour les personnes nécessaires pour donner le pain, il ne faut pas s'en mettre en peine : il n'y a rien de plus facile.

4. — Tout estant prest, la maison disposée et le pain cuit, il faudroit faire sçavoir par toute la ville que l'Aumosne commencera à tel jour et à telle heure pour estre continuée chaque jour, que les pauvres s'y trouvassent et qu'on ne fairoit plus l'Aumosne ny à l'églize, ni à la maison.

5. — Les pauvres estant toutz ensemble dans l'Hospital qui est assés vaste pour en contenir dix mille et plus, l'on mettroit les gens mariez dans un quartier, les vieillards à part, les femmes vieilles à part, les jeunes garçons à part et les filles aussy, et s'il y avoit quelques pauvres prestres ou hermites l'on les mettroit à part.

6. — L'on bailleroit quartier par quartier à chascun tout autant de pain qu'il luy en faudroit pour vivre toute la journée et un peu de vin aux pauvres prestres, hermites, vieillards et infirmes, et, dans quelques jours, l'on songeroit à leur faire à touts de potage avec quantité d'herbes qu'on questeroit ou avec des légumages.

7. — L'on arresteroit dans l'Hospital de la Grave touts les pauvres gens qui

n'auroi[e]nt pas de maison à la ville, si ce n'est les gens mariez, car pour ceux-là il seroit expédient que n'ayant en aucune façon de quoy se rendre à louage, de prendre quantité de maisons qu'il y a depuis l'église S[t] Nicolas jusques à l'Hospital de la Grave, pour les loger.

LES FRUICTS DE L'AUMOSNE GÉNÉRALE.

Pour faire voir les grands fruicts ét les grands biens qui arriveroi[e]nt de la Queste et Aumosne générale, il ne faudroit rien plus dire si ce n'est qu'elle est le plus puissant et le plus efficace remède pour touts les maux que nous avons remarqué cy-dessus provenir du désordre avec lequel l'aumosne est demandée et faicte dans Tholoze; mais encore pour les faire mieux cognoistre j'en expécifieray quelques-uns en particulier pour servir de motif à l'exécution du dessain.

1. — C'est que si toutes les questes les plus ordinaires étoi[e]nt réduites à une générale (hors celles que font les religieux mendiants), touts ceux qui donnent, donneroi[e]nt davantage pour se délivrer de la presse et de l'importunité que donnent les pauvres à la maison, à l'églize et partout. Ceux qui donnent donneroi[e]nt mieux, ils n'entreroi[e]nt pas dans le chagrin, ils ne parleroi[e]nt pas avec impatience et rudement aux pauvres, ils auroi[e]nt le loisir de bien dresser leurs intentions, purement, pour Dieu, et pour honorer la sainte pauvretté de Nostre Seigneur Jésus-Christ en la personne des pauvres.

2. — Les aumosnes seroi[e]nt aussy esgales qu'elles le pourroi[e]nt estre, les pauvres seroi[e]nt plus contents, il n'y auroit point d'envie parmy eux et n'offenceroi[e]nt pas tant Dieu comme nous voyons et entendons qu'ils font touts les jours.

3. — L'on cognoistroit quelz sont les vrays pauvres et ceux qui ne le sont pas, l'on rejetteroit les uns et assisteroit les autres, il n'y auroit pas tant d'ypocrites parmy eux : on descouvriroit facilement leurs ruses et leurs finesses.

4. — L'on verroit qui sont touts ceux qui peuvent travailler et à quoy on pourroit les occuper : les filles à filler et les garçons à quelque mestier. L'on pourroit faire faire une douzaine de petitz charriotz à main pour d'abord occupper les gros garçons à nettoyer les rues, et les gardes de la Maison de Ville les pourroi[e]nt conduire dans le travail. On ne verroit pas tant de vilainie dans la ville, ny tant de puanteur : cela serviroit à la santé.

5. — Les gu[e]us n'ayant que du pain et estant obligez à travailler ne seroi[e]nt pas contents et s'en iroi[e]nt.

6. — En logeant les pauvres et les arrestant chascun dans son quartier, n'ayant pas maison dans Tholoze ny moyen d'en avoir, on espargneroit une bonne partie des aumosnes que les pauvres sont obligez d'employer pour payer de jour à autre leur gitte, et l'on donneroit occasion à ceux qui les logent de s'occuper mieux qu'ils ne font, car ilz se rendent fenéantz avec les pauvres.

7. — L'on ne verroit pas tant de pauvres filles sur le tard, le long des rues, en danger de se perdre, ny tant de pauvres jusnes garçons couchez

comme de petitz chiens devant les portes : on tâcheroit de les mieux accomoder dans l'Hospital de la Grave.

8. — L'on tâcheroit d'occupper les plus petitz enfantz pour les accoustumer au travail, il y auroit mesme des gens de bien qui leur apprendroient à lire, et cela formeroit leurs espritz à mieux servir Dieu et les hommes.

9. — Un prestre qui pourroit se trouver à l'heure de la distribution leur diroit la sainte Messe auparavant toutz les dimanches et les festes, et l'après disnée, il leur pourroit faire *la doctrine* pour les enseigner à vivre chrestiennement.

10. — Si l'on prend cette route, ce sera un jour une chose très facile de retirer les filles abandonnées de la perdition, puisqu'elles ne demandent qu'une retraicte où elles soient en assurance contre les affrontz que la jeunesse desbordée leur faict, et qu'on leur donne du pain : elles m'ont tesmoigné plusieurs fois qu'elles estoient lasses d'offencer Dieu.

11. — Ce sera un bien très considérable que l'exercice de la miséricorde de toute la ville de Tholoze soit principalement en deux lieux déterminez : dans le grand Hospital pour les malades, et dans l'Hospital de la Grave pour les sains : pauvres sains et malades qui sont abandonnez pour la plus part dans cette confusion que nous voyons. Ceux qui voudront faire du bien n'auront pas tant à courir.

12. — Les pauvres malades ou nécessiteux qui ne peuvent aller ny sains dans l'Hospital de la Grave, ny malades à l'Hospital de St Jacques, seroient mieux assistez qu'ils ne sont pas, leur nécessité et leur honte (si cela se peut appeler ainsi) estant bien cogneues.

13. — Ce seroit encore une source d'un grand soulagement pour le grand Hospital des malades, car les pauvres sains vivant avec un peu d'ordre et estant un peu soignez ne vindroient pas si tost malades et il ne se trouveroit pas si chargé.

Enfin, ce dessain contient en soy une virtuelle force pour produire tant de biens que je conçois qu'il me faudroit long temps pour les escrire : vous avés aussy bonne veue que moy pour les y trouver. Peut estre encore que ce dessain ayant bien réussi en ville, les petites villes voisines l'imiteront et ce seroit tout ce qu'on sçauroit désirer.

MOYENS DE SUBSISTANCE.

1. — Pour la subsistance de l'Aumosne générale, il faudra continuer de faire la queste générale dans la ville de Tholoze chasque année, une fois ou plus souvent, suivant les nécessitez et les besoings.

2. — Il faudra establir un bassin pour les pauvres dans chasque église paroissiale.

3. — Il faudra envoyer deux pauvres à la porte de chasque églize dans les religions affin qu'ilz y demandent l'aumosne, sans dire autre chose que présenter le troune semblable à celuy que porte l'homme des Filles de Sainte Magdaleine, si les religieux ne vouloient pas permettre qu'on establit un bassin pour les pauvres dans leurs églises.

4. — Il y aura deux pauvres et quatre ou six, s'il est besoin, qui s'en iront chasque jour avec une sémal couverte et faicte tout exprès pour aller chercher les restes des Communautés.

5. — Il y aura une certaine société d'hommes et de femmes dans chasque paroisse pour honorer la Saincte Pauvretté de Nostre Seigneur Jésus-Christ : le dessein en est formé avec une grande quantité de petites inventions pour avoir de quoy assister les pauvres.

6. — Il y aura quelqu'un de la Compaignie qui aura le soing d'aller demander l'aumosne pour les pauvres lorsque quelque grand seigneur sera arrivé en ville, soit évêque ou autre.

7. — L'on pourra faire une queste dans tout le Diocèse, de bled en temps d'esté et de vin en temps de vendanges, pour la *Communauté des Pauvres* et assurement tout le monde dourra et d'autant plus volontiers que les Curés recommanderont cette queste au peuble et leur faira entendre que c'est pour une maison qui leur sera ouverte dans la nécessité : il se trouvera beaucoup de personnes qui fairont cette queste.

Enfin, cest ouvrage estant de la divine Providence qui veut que nous lui servions d'instruments pour exécuter les dessains qu'Elle a pour assister les pauvres, ne nous laissera pas sans lumière et sans adresse pour l'exécution de ses volontés, si nous avons confiance en elle qui ne manque jamais au besoing.

Messieurs, vous voyez sans doubte dans ceste aumosne générale le ramas de tous les biens que la Compaignie pourroit jamais faire. Prions Dieu. Commençons d'y travailler, et vous verrez que Nostre Seigneur Jésus-Christ qui est au divin Sacrement de l'Autel pour verser ses bénédictions sur ceux qui l'honnorent et sur tout ce qu'ilz entrepremnent, et principalement si c'est pour assister les pauvres en la personne desquelz il réside pour recevoir nos recognoissances, nous assistera puissamment, et d'un secours tout particulier!

Bouloc.

LESTRADE,
Curé de Bouloc.

Toulouse, imp. ÉD. PRIVAT, rue des Tourneurs, 45. — 892

www.ingramcontent.com/pod-product-compliance
Lightning Source LLC
LaVergne TN
LVHW012020170826
845678LV00004BA/1574
* 9 7 8 2 3 2 9 6 3 8 8 7 4 *